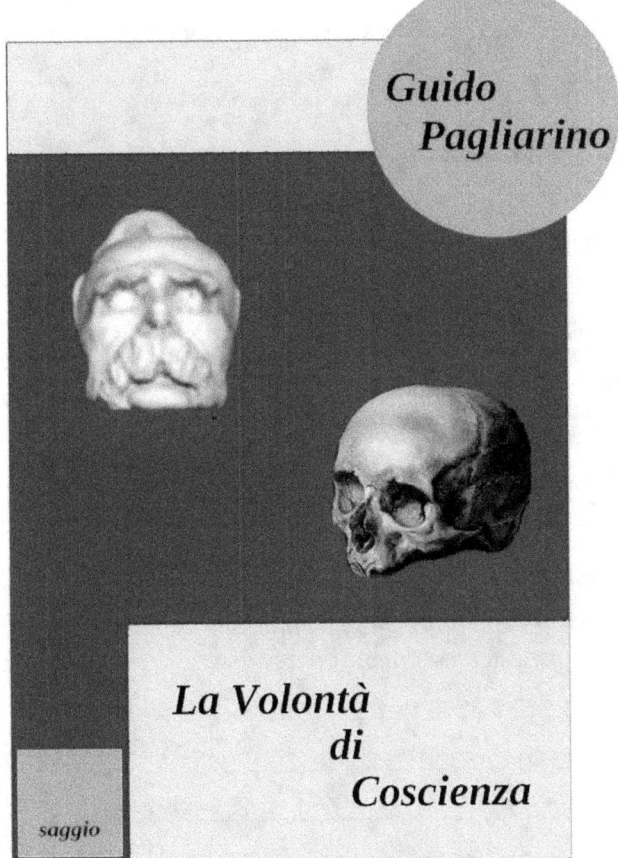

Guido
Pagliarino

saggio

La Volontà
di
Coscienza

Guido Pagliarino

La volontà di coscienza

Saggio storico-sociale

2ª edizione maggio 2015, con varianti ma conforme in sostanza alla 1ª

Il libro cartaceo di quest'opera

© Guido Pagliarino http://www.pagliarino.com

è stampato e distribuito da

Lulu Enterprises, Inc.

860 Aviation Parkway, Suite 300

Morrisville, NC 27560

U.S.A.

ISBN 978-1-326-27288-3

Questo saggio è anche disponibile senza ISBN in formato elettronico mobi realizzato dall'autore e scaricabile all'indirizzo:

http://www.amazon.it/VOLONT%C3%80-DI-COSCIENZA-edizione-immagini-ebook/dp/B00A0T8D82/ref=sr_1_8?s=digital-text&ie=UTF8&qid=1431337598&sr=1-8

(nella pagina precedente figura l'immagine di copertina di tale e-book)

Guido Pagliarino

La volontà di coscienza
Breve saggio storico-sociale

"La Rivoluzione francese [...] non è iniziata nel 1789 ma assai prima, attorno alla metà del XIII secolo, quando la storia ha cessato di ruotare attorno a Dio per ruotare attorno all'uomo, mutamento di estrema violenza perfettamente illustrato dal definitivo passaggio dallo stile romanico a quello gotico. L'arco spezzato segna la rottura dell'alleanza. La volta romanica inglobava simbolicamente il cielo [...] lo slancio gotico [...] è l'uomo che s'eleva al firmamento".

André Frossard

INDICE

I
"NON C'È PIÙ RELIGIONE!"

Cappella Sistina: Michelangelo, Sibilla Cumana

C'era una volta, oltre mille anni fa, una società che aveva il Divino sopra di sé. Non vi mancavano certo sopraffazioni e delitti, ma l'idea di Dio riusciva a contenere il male, tanto delle persone di potere che di quelle comuni; e pure induceva quei credenti a una certa solidarietà nel giorno per giorno. La vita quotidiana, tutto sommato, non era cattiva. Poi sorse e infine trionfò la società atea dell'uomo centrale; di fatto, dell'individuo egocentrico.

"Non c'è più religione!".

Scherzi, mio unico lettore, eppure c'è saggezza in quel luogo comune. Qualcuno ha detto che, se nella lingua italiana si toglie la D a Dio, resta solo l'Io.

Ecco alcuni titoli di un quotidiano di oggi, un giorno qualsiasi: "Il killer ha ucciso in casa: voleva possederla per sempre perché lei gli era già sfuggita" "Partoriva per vendere i figli, ma il giudice non esclude un traffico d'organi" "Ammazza la figlia per incassare l'assicurazione" "Uccide in facoltà per una lite" "Rissa al pub: un morto e un ferito" "Medicina - Contagiati dalla depressione: aumentano i casi e sono più precoci."

Non c'è nessun cittadino che non soffra questa nostra società, e per la maggior parte delle persone con ansia se non addirittura con terrore e disperazione. È un sentire che, nella convinzione di poter essere aggrediti da ogni sconosciuto, conduce ad atteggiamenti preventivamente aggressivi, fino a casi estremi; ma già la semplice maleducazione, tante volte fino alla villania becera, rende la vita quotidiana molto cattiva. Viviamo in una società colma d'anomia, dove l'essere umano si sente normalmente dissociato: solo e aggredito, e non soltanto dal prossimo, considerato per principio nemico, ma pure nei suoi rapporti con lo Stato, avvertito come una balena cieca e non raramente, nella sua burocrazia, prepotente; e per di più, quasi impotente verso la criminalità. Quanto ai politici, col passar degli anni molti, troppi di loro si son personalmente rivelati rapaci egocentrici, indifferenti verso il cittadino, ladri a man bassa; e poi, ultimo ma non ultimo, com'è mai possibile che ci siano molti, anzi moltissimi pubblici funzionari che guadagnano centinaia di migliaia di euro all'anno con liquidazioni da milioni di euro, il tutto pagato in gran parte dalle imposte vessatorie sui piccoli e piccolissimi contribuenti: compresa la famigerata imposta sulla prima casa - imposta su di un capitale, capitale che già scontò le imposte sul reddito che l'aveva formato! Un balzello, questo, che non tiene conto, ingiustamente, del reddito del contribuente - oggi guadagni, domani puoi essere disoccupato e senza redditi e impossibilitato a pagare imposte: e allora il fisco ti sequestra la casa dove abiti! Come è possibile che vi sia un esercito di pensionati a 500 euro al mese o meno che soffrono letteralmente la fame e che, se si propone timidamente un'aliquota aggiuntiva di solidarietà, poniamo, del 3% sui redditi, poniamo, oltre i 150.000 euro, ci sia una levata di scudi da parte di Confindustria e alti funzionari pubblici?

"Hai *scoperto l'acqua calda*. Se vuoi solo ricordarmi in quale società viviamo da tanti anni, ti pianto qui."

No, l'argomento che vorrei brevemente trattare è questo, ch'è necessario puntare a una convivenza civile abbastanza serena, in una società che non sia prevalentemente senza Dio e in cui lo Stato abbia di nuovo su di sé il limite del Divino: non del Papa, sia chiaro, ma di Dio; e che còmpito dei credenti è cercare di ricreare quest'indispensabile limite etico.

"Ci sono molti che pensano, viceversa, ch'essi dovrebbero occuparsi solo della fede e non della società, per non interferire nella democrazia".

Io m'iscrivo tra coloro che non sono d'accordo: ci vogliono fede e opere; anzi, prima le opere e poi la fede; e tra le opere adempire i doveri del proprio stato: i capi religiosi, in quanto tali, hanno l'obbligo di richiamare all'etica i fedeli della propria chiesa.

Poiché conosco il Cristianesimo meglio di altre religioni, e più ancora poiché la civiltà occidentale ha tra le sue fondamenta proprio il Cristianesimo, parlerò d'ora in poi secondo il medesimo. Sia chiaro però che tutte le fedi religiose monoteistiche, basate sopra un Dio personale, hanno il còmpito di puntare a una società il più possibile buona: bisogna collaborare fra credenti miti di cuore, nella pace.

II
LAICISTA

Pierre-Joseph Proudhon et le sue bambine in un dipinto di Gustave Courbet

1. Il progetto d'una società senza Dio

I fatti cruciali del XIX e del XX secolo seguono in Occidente una stessa via, secondo il progetto, che viene un po' più da lontano, di creare una società senza Dio sufficiente a sé stessa, nella quale l'uomo trovi la sua piena, autonoma espressione. Si punta a uno Stato che non accetti nessuna Norma Superiore cioè, in questo particolare senso, che sia assoluto. Ne è condizione la lotta al Cristianesimo. Si tratta di un ateismo, o come lo definiva il Proudhon di un antiteismo, umanista che si concreta in anticristianesimo e passa nell'800, con gravissime conseguenze nel '900, soprattutto attraverso tre filosofie, che ricorderemo un po' meno di sfuggita più avanti, quella positivista del Comte, quella del Marx, che tiene conto del pensiero del Feuerbach e del Bauer, e quella del Nietzsche: oggi la più pericolosa, soprattutto nella sua diffusissima caricatura volgare.

Quei filosofi dell'800 ritenevano che la fede in Dio fosse ormai storicamente pronta a scomparire e che l'ateismo sarebbe divenuto presto definitivo. Pensavano che i tempi fossero ormai maturi perché un umanismo assoluto sostituisse del tutto l'umanismo cristiano. Benché queste filosofie fossero tra loro diverse, unanime era il loro progetto di eliminare Dio; e comune, contro le intenzioni, ne è stato il risultato d'aggredire la persona umana.

C'è stato dunque un tempo in cui essere laicista è stato considerato da molti intellettuali assai più intelligente che essere credente. Oggi invece si tratta, soprattutto, di persone di mediocre levatura intellettuale, sempre più numerose, anche fra i laureati, col decadere della scuola dal 1968 in poi, esseri umani rimasti indietro rispetto ai tempi credendo ancora presente quant'è ormai passato. Le persone veramente colte, diversamente, non sono più positiviste e scientiste lo stesso procedere scientifico ha fatto capire che l'ottimismo al riguardo era fuori luogo: ogni nuova scoperta porta a tante nuove domande e c'è sempre un onere da pagare al cosiddetto progresso. Purtroppo però, sono principalmente i mediocri, per ragioni di numero, a contare in socio-politica: non nel senso che l'influenzino davvero, ma in quello ch'essi son più facilmente riducibili a *massa di manovra* dai potenti, i quali sono ormai, in gran numero, laicisti.

"Un momento, scusa se t'interrompo: con laicista intenderesti laico?"

Già, meglio spiegare.

2. Laico e laicista

Caricatura francese fine '800 - primi 900 del laico devoto

Anzitutto la parola *laico* spetta, storicamente, al cristiano che non appartiene né alla gerarchia ecclesiastica né a un ordine religioso[1] e neppure ha fatto voto privato davanti a Dio di povertà, castità, obbedienza. In secondo luogo, ma non per importanza, mi sembra bene usare il termine *laicista* invece della vocabolo *laico* perché meglio esprime la forte determinazione di queste persone, una sorta di fede antireligiosa, direi, nel puntare a quello ch'io chiamo l'uomo centrale, nell'orgoglio d'essere al di fuori di qualunque chiesa: qui c'è tuttavia un'illusione, anche se di laiciste e non religiose *chiese* si tratta; aggiungo per inciso, sorridendo, che qualche laicista, s'egli è pure appartenente alla *chiesa* animalista[2], rischia di confondere un po' le idee nell'ambiente, in quanto per lui è centrale non l'uomo ma la bestia, essere umano compreso, ovviamente; comunque, nel complesso, continua a reggere nell'area laicista la certezza che è la specie umana a essere centro di tutto e che Dio, se c'è, quanto a morale *si fa gli affari suoi*[3]. Certi laicisti, al riguardo, avendo Baruch Spinoza in evidenza, confondono panteisticamente Dio, eterno per definizione, con l'indifferente universo, nemmeno che questo, almeno secondo la teoria del Big Bang e prescindendo qui dalla Genesi, non abbia avuto un inizio e, si suppone, non sia destinato a finire. Altri ancora si dilettano di New Age, anche ricorrendo a maghi e oroscopi, sicuramente non senza qualche contraddizione. Tanti poi, attribuendo ignoranza e superstizione ai credenti, mostrano d'ignorare essi stessi i fatti della fede; ad esempio, mentre in campo cattolico fin dal 1950 l'ipotesi dell'evoluzione è stata considerata, da Papa Pio XII, nell'enciclica Humani generis, compatibile col Cristianesimo, e poi il successore Giovanni Paolo II l'ha addirittura ritenuta congettura assai preferibile a quella creazionista, tanti laicisti continuano a lanciare strali contro la *Chiesa oscurantista* che, essi affermano prendendo un abbaglio, *condanna* tale idea, e chiamano in causa in merito la decisione del Sant'Uffizio sfavorevole agli scritti teologici del gesuita e antropologo Teilhard de Chardin, avvenuta a causa del loro, vero o presunto, panteismo, panteismo che certo è incompatibile col Cristianesimo, e non della teoria evoluzionista ch'essi presentano.

Padre Pierre Teilhard de Chardin

"Questo lo sapevo e, semmai, il creazionismo ha ancora credito in certi ambienti protestanti, soprattutto statunitensi, mentre ben pochi sono i cattolici su quelle posizioni".

Certamente.

"Ho capito cosa intendi con laicista; ma siccome è ormai nell'uso, non sarebbe meglio, comunque, dire laico?".

D'accordo. Dopotutto basta accordarsi su cosa si vuol etichettare con la parola.

3. Il *trionfo* del laicismo

Edvard Munch, Disperazione, Munch-museet, Oslo

Cosa stavo dicendo prima? Ah, sì: quel tempo lungo secoli, dal XVIII, ma anche dapprima per certi aspetti, fino a oggi, ha portato infine i laici – contento? – dall'illusione dell'uomo centrale a sempre più gravi delusioni. Oggi quelli più colti, filosofi in testa, cominciano a sospettare che la società laica sia sull'ultima spiaggia, tant'è vero che iniziano a porre pubblicamente in discussione se sia possibile o no un'etica laica. Gli altri però non se ne sono forse accorti, portano scarpe anfibie? che questa società invivibile è ormai *sulla battigia*:

Non sul *bagnasciuga* che riguarderebbe la linea d'immersione di barche e navi, variante a seconda del carico, e non le spiagge, nonostante correnti espressioni come "essere sul bagnasciuga", delle quali era stato maestro Mussolini in un veemente discorso che intendeva esortare i nostri soldati a bloccare "sul bagnasciuga", appunto, gli anglo-americani che stavano sbarcando in Sicilia con preponderanti forze.

Come avevo anticipato, le persone cosiddette "di media cultura", almeno stando ai loro discorsi salottieri, compresi quelli televisivi, sono ancora agganciate alle idee positiviste dell'800; evidentemente non sanno ch'esse sono state sconfitte dall'esperienza e dunque rifiutate dalla moderna filosofia della scienza. Ci sono poi laici sì di gran cultura ma solo scientifica. Pare che anch'essi, come d'altronde i precedenti, a quanto appare, non si pongano il problema dell'attuale società amorale: se sì, certo evitano di parlarne. C'è per esempio una scienziata, "cristiana solo da bambina", dice, "si sa, quando si è bambini non si può scegliere con cognizione di causa", che al di fuori del suo campo imperversa nelle frequenti tele-discussioni sul divino facendo propaganda di laicismo e antireligione. Di religione dimostra d'essere sostanzialmente ignorante: credo che non sia andata, appunto, oltre il semplice catechismo dei bambini per la prima Comunione; e dunque la sua parola d'esperta è *sicuramente* molto costruttiva; ella riesce assai bene a creare dubbi o peggio nei credenti meno provveduti, sicuramente con un danno perché l'etica religiosa, bene o male o, piuttosto e mediamente, *così così*, riesce ancora a evitare qualche canagliata contro il prossimo; ben inteso, mi riferisco a coloro che credono davvero, non ai credenti di facciata come, ad esempio, coloro che per mero interesse s'aggregavano alla Democrazia Cristiana quand'era un partito potente. Peraltro non erano peggiori di quegli altri che, senza essere comunisti, s'intruppavano nell'altrettanto potente Partito

Comunista Italiano degli anni '70 per averne vantaggi.

"Ecco che sbuca fuori la politica: mi pareva!".

No, è già storia; e a proposito di storia, vogliamo fare un breve viaggetto storico?

"Sì, se non sarà troppo noioso".

Ci proverò. Andiamo dunque a circa duemila anni fa...

"Duemil... Ah no, eh?!"

...per poi percorrere **in non molte pagine** aspetti della storia occidentale fin ad oggi...

"Ah, beh".

...con preghiera, se possibile, di non interrompermi.

III
DAL CRISTIANESIMO AL LAICISMO

Catacombe dei SS. Marcellino e Pietro: Il Buon Pastore

1. L'umanismo cristiano antico

Durante i primi secoli della nostra era, l'assemblea dei cristiani che, col Cristo che ne è a capo, si usa chiamare la Chiesa, combatte l'assolutismo politico dello Stato romano, rifiutando che la persona sia definita dalla dimensione pubblica. Sia chiaro però che neppure in quel tempo i cristiani rigettano l'autorità statale. La civile convivenza è per loro naturale, è necessario che la società sia organizzata; ma chi comanda non deve pretendere, come invece l'imperatore, di avere un potere assoluto senza limiti trascendenti.

È assai significativo che, già tra il 124 e il 177, un gruppo di cristiani, detti gli apologisti, Quadrato[4], Aristide, Giustino, Atenagora, Melitone[5], e dal 180 altri cristiani dopo di loro fino ai primi anni del III secolo, Teofilo, Tertulliano, Minucio Felice, scriva, alcuni di loro rivolgendosi direttamente agli imperatori, chiedendo coraggiosamente la libertà per gli individui, per i popoli e, in particolare, l'esenzione dall'obbligo del culto verso l'imperatore-dio: è l'idea d'una società sì organizzata ma che consenta libertà di pensiero e d'espressione. Tutti questi scrittori non solo si sforzano di rispondere punto su punto alle critiche dei pagani ma pure di presentare, con molti anni d'anticipo su quanto avverrà con l'imperatore Costantino, il Cristianesimo come garante religioso dell'unità dell'impero[6]. Si può anticipare tuttavia che, sebbene all'inizio del quarto secolo l'impero si faccia cristiano, l'assolutismo non cade, anzi usa il Cristianesimo come ideologia per meglio imperare. Anche gl'imperatori battezzati, soprattutto d'Oriente, tendono a porsi come assoluto valore, contro la posizione dei cristiani che difendono la libertà della coscienza personale. Occorrerà attendere la caduta dell'Impero d'Occidente perché il pensiero umanista cristiano si affermi del tutto.

L'uomo per i cristiani è persona in quanto figlio del Creatore e non perché ha una certa posizione sociale sotto un potere privo del limite di Dio: il potere politico è per l'uomo, non l'uomo per il potere. Gesú aveva detto: "Chi vuole essere re, serva gli altri". Il defunto mondo grecoromano, nonostante molti oggi mitizzino al riguardo, non era riuscito a dare all'individuo un vero valore. Questa cultura, permeata di filosofia greca, aveva separato la ricerca di Dio dalla storia, anzi aveva considerato la storia, la società, la materia indegne di Dio e della scintilla divina presente nell'uomo. La Chiesa[7] sin dall'inizio opera nel tempo nella società, dove la persona fa esperienza, già qui, di Dio, secondo la Parola incarnata nella storia in quella che Paolo chiama la pienezza dei tempi: Dio ha rivelato, incarnandosi, il còmpito e il Fine ultimo – Dio stesso – dell'essere umano.

Per inciso: nulla sappiamo sul piano divino per il resto dell'universo, perché non ci è stato detto. Possiamo però immaginare innumeri scopi del Creatore, sia per tutto l'esistente sulla Terra sia per l'enorme cosmo. Còmpito dello scienziato è di analizzare il come, essendo del tutto inutile indagare il perché, situato nel Trascendente.

Il perché dell'essere umano è stato rivelato, secondo la testimonianza dei primi cristiani.

Fin dai primi tempi la Chiesa – l'insieme dei cristiani – sull'esempio di Cristo cerca di costruire, per quanto può, un mondo migliore. Ogni vero cristiano esercita un'umanità completa nei rapporti con gli altri, scegliendo di costruire il bene secondo la propria libera, buona coscienza. Nel mondo greco - romano solo pochi eletti speravano, con l'aiuto della filosofia, di elevarsi all'Essere fuggendo la disprezzata materia. Per gli altri la vita era gravata da innumerevoli, capricciose potenze, dèi e dèmoni, tiranniche come il potere politico. Col Cristianesimo che afferma che Dio ama tutti e vuole salvare tutti coloro che lo desiderano, che la vita nel mondo visibile è un bene perché è una libera prova di elevazione a Dio, la magia si polverizza[8]; ed entrano in tutti, non solo in pochi eletti, il principio del sacro e la Speranza. Svanisce il cieco fato. Finalmente la posizione dell'uomo sulla Terra ha un senso per ognuno, le opere buone servono[9], secondo il comandamento di Cristo, a sublimare per il Fine ultimo, la gioia in Dio, gioia che in parte è già qui se si agisce in buona coscienza: è un qualcosa di felicemente nuovo, prima insperato. È sorto il concetto cristiano di **persona**. Questa parola indicava precedentemente, in senso stretto, la maschera dell'attore; e potremmo oggi dire, sociologicamente, il ruolo sociale: a un estremo il ruolo di imperatore - dio, all'altro quello di schiavo; in mezzo, varie posizioni sociali, più o meno o per nulla apprezzate: stima o disistima non per il valore intrinseco ma solo per il ruolo sociale. Se ad esempio una persona altruista e intelligente cadeva schiava, nulla importava alla società delle sue qualità, al massimo ella veniva apprezzata dal padrone perché lo serviva meglio. Col Cristianesimo non è più così. Paolo dice chiaramente che non c'è più Greco e non c'è più Giudeo, non libero e non schiavo, non uomo e non donna. Non c'è ancora forza politica per abolire la schiavitù, anzi i cristiani sono disprezzati e perseguitati, ma il principio è chiarissimo; e ogni vero cristiano tratta lo schiavo che incontra come fratello in Dio. Quanto alle donne, Paolo chiede loro di non parlare in assemblea, ma si tratta di prudenza, se non di necessità, perché la società del tempo è ancora così antifemminista che le assemblee cristiane rischierebbero di svuotarsi: la Chiesa, o per esattamente dire il suo capo, Gesú Cristo, vuole che gli esseri umani si santifichino seguendo il suo esempio, ma sa di rivolgersi a persone normalmente colme di difetti, e considera dunque come virtù la prudenza – non la viltà! –.

Finalmente dunque, persona significa il soggetto umano che ha un assoluto valore in quanto è figlio di Dio, creato a sua immagine spirituale sul modello dell'Adamo perfetto, e fratello, Gesú Cristo. Prima di tutto in questo mondo c'è la persona dotata di libera coscienza e nessuno davanti a Dio è superiore a un altro né, quindi, davanti ai suoi fratelli in Cristo: com'è stato rilevato dagli storici e teologi più attenti, fra cui Luigi Negri[10], di questo concetto di persona l'umanità è debitrice al Cristianesimo. Per poter scegliere il bene il soggetto umano dev'essere libero, senza costrizioni da parte d'uno Stato assoluto, nel senso particolare di privo del limite di Dio, e per cui contano solo i ruoli sociali. I molti màrtiri cristiani non accettano la morte per fanatismo ma per testimoniare la libertà di scegliere Dio e rifiutare il culto per l'imperatore.

Paolo Vasta, Martirio di San Sebastiano, transetto della Basilica Collegiata di San Sebastiano, Acireale

Cristo ha però detto chiaramente che nel mondo, e quindi nella Chiesa, ci saranno sempre grano e gramigna. La storia del Cristianesimo si condurrà dunque per due millenni con splendidi esempi da una parte e atti negativi, in certi casi fino all'atrocità, dall'altra. Ho scritto esempi e atti; è necessario infatti precisare che nel Cristianesimo il bene e il male, il grano e la gramigna, riguardano la coscienza della persona e che può esserci dunque anche atto dannoso in buona coscienza. All'incirca col secondo millennio gli atti dannosi o addirittura atroci diverranno, com'è noto, sempre più gravi e diffusi, fino all'età barocca e, in qualche luogo come la Spagna, anche fino alla Rivoluzione francese. Ma non così durante l'Alto medioevo, precisamente fino all'inizio del X secolo.

Francisco de Goya, Inquisizione, Museo Nacional del Prado, Madrid

2. L'umanismo cristiano durante l'Alto medioevo

Alto medioevo – L'imperatore Otto

Senza dunque giudicare le coscienze, che secondo il credente solo Dio, oltre all'interessato, può valutare, e riferendosi solo agli atti, si può ritenere che durante l'Alto medioevo l'agire del popolo cristiano e dei suoi capi sia prevalentemente positivo. La mistificazione storica del diciannovesimo secolo ha parlato di secoli bui per promuovere l'immagine dell'uomo ateo secondo gli obiettivi del pensiero laico (ma qui, caro mio unico lettore, starebbe proprio meglio *laicista*). Sono leggende i roghi di streghe ed eretici durante il primo millennio. Arderanno dopo purtroppo, all'incirca dalla lotta contro i Catari[11] - Albigesi e contro i Valdesi e assai gravemente nel Rinascimento e nell'età barocca. Durante l'Alto medioevo invece, soprattutto a partire dal VII secolo, l'ideale cristiano ha modo di realizzarsi portando al successo il concetto di persona.

Con le invasioni barbariche, morto il precedente fattore d'unificazione dei popoli, l'Impero romano d'Occidente, ne è caduto il modo d'intendere l'uomo; ma se le invasioni hanno vanificato la possibilità della civile convivenza, i cristiani sono persone costruttive, nell'amore concreto per gli altri, e colme di speranza nella Salvezza eterna; essi dunque prendono iniziative. Si tratta della fede di un popolo, l'insieme dei cristiani che si chiama Chiesa, e non di soli individui chiusi nel loro personale rapporto con Dio come sarà invece, dipoi, in ambiente protestante. L'assemblea dei cristiani, nel suo allargarsi missionario, chiama i popoli barbari alla fede e insieme alla civilizzazione, creando la civiltà medioevale cristiana. Questa produce risultati pratici grandi, come la ricostruzione di città in rovina, la diffusione dell'alfabeto sino a zone europee estreme, la bonifica di terre non coltivate. Intanto nei monasteri si salva la cultura grecoromana, grazie ai copisti: senza la Chiesa essa si sarebbe persa irrimediabilmente.

Monaco copista

Si crea l'unità cristiana fra i diversi popoli di quella che sarà chiamata Europa grazie ai viaggi e all'opera dei monaci missionari. Si comincia a uscire dal blocco degli stati organizzato da Diocleziano, che aveva legato i coloni alla terra e bloccato ciascuno nella propria condizione. L'abolizione dello stato di servo della gleba avrà mèta più lontana, ma già ora incomincia un passaggio dal basso all'alto fra le classi; un servo può divenire prete – sposato, se vuole – vescovo[12], docente nei monasteri e presso le cattedrali e, quando nasceranno, nelle università. I servi della gleba non sono più considerati alla stregua di schiavi, quanto meno istituzionalmente anche se il comportamento concreto del padrone dipende dalla sua coscienza, realmente cristiana o no; il nuovo concetto ufficiale è ch'essi son legati al padrone da un principio di fedeltà, non di proprietà; e che prima del padrone viene Dio. È un salto grande rispetto al mondo grecoromano, anche se oggi potrebbe non apparire gran cosa a chi non sappia che la storia seria vuole ci si cali il più possibile nello spirito del tempo indagato, che non si giudichi con la mentalità odierna. Per quanto riguarda, in senso stretto, la plurimillenaria schiavitù, nonostante le resistenze dei padroni comincia a svanire e alla fine del decimo secolo scompare anche nelle regioni europee più lontane. Il Cristianesimo è annunciato al mondo come esperienza esistenziale: sì *ora, prega,* ma pure infaticabilmente *labora*: compreso il lavoro culturale. Assistiamo dal VII secolo a uno sviluppo culturale grande, che porterà nel millennio successivo alle università. Il Cristianesimo civilizza costruendo europei fondamentalmente uniti grazie alla fede, come mai più lo saranno, almeno per ora.

Non si tratta d'un'unione politica ma spirituale, dove ogni popolazione mantiene la sua autonomia ma si considera congiunta in Cristo con le altre: tutto il contrario di quanto sentiranno gli europei durante le due grandi orride guerre del *laico* secolo XX. La nuova civiltà cristiana ha fede nella Rivelazione come fonte di conoscenza su cui la ragione deve esercitarsi secondo l'esperienza nel mondo, ha l'amore e il rispetto della libertà della persona come norma nei rapporti umani, l'impegno verso gli altri, a seconda dei talenti che Dio ha donato al singolo, come obbligo per la Salvezza.

Alto medioevo, la raccolta delle erbe medicinali

Essenziale è il principio che tutti devono rendere conto a Cristo, anche chi detiene il potere; anzi questi per primo deve avere un comportamento cristiano e rispettare la libertà di coscienza dei governati. Non è sempre così, di fatto, per tutti i potenti e meno ancora lo sarà dopo il 1000, anche per membri della gerarchia ecclesiastica, ma in questo caso, se identificati, i cattivi capi devono perdere il loro seggio e se a volte la Chiesa, neppure con la scomunica, ha la forza di abbatterli, nessuno deve loro obbedienza perché essi sono contro Gesú-Dio e, quindi, contro la persona cristiana.

È secondo questa logica che si deve considerare la lotta per le investiture fra Papato e Impero che avrà inizio nella seconda metà dell'undicesimo secolo e solo formalmente si concluderà nel 1122 con l'accordo di Worms, continuando di fatto sino a Papa Bonifacio VIII .

Lotta per le investiture: lo scomunicato Enrico IV s'umilia al Papa Gregorio VII nel gennaio del 1077, davanti al castello di Matilde di Canossa

3. L'inizio della crisi

Papa Bonifacio VIII

Dunque anche dopo il 1000 la Chiesa rivendica il diritto di valutare l'obbedienza a Dio dei potenti, e in primo luogo dei maggiori di loro, gl'imperatori del Sacro Romano Impero. L'idea di costoro è ormai questa, d'aver ricevuto il potere politico, in modo del tutto autonomo, direttamente da Dio, senza il tramite della Chiesa, e di non doverle dunque rendere conto. La Chiesa, sapendo d'avere a capo Gesú Cristo, ritiene invece doveroso verificare se l'imperatore agisca cristianamente e rispetti del tutto la libertà dell'assemblea dei cristiani, e qualora ciò non si verifichi, di richiamarlo moralmente e religiosamente, sino a usare, se necessario, lo strumento della scomunica e a dichiararlo decaduto. Non si tratta, come certa storiografia afferma, d'un progetto di intromissione politica, ma del principio della sottomissione del potere politico a quello religioso in senso strettamente etico, per la salvaguardia della libertà di coscienza d'ogni persona cristiana. Ciò non toglie che, contro quel principio, si assista non insovente a indebite e a volte pressanti ingerenze politiche. In pratica l'azione del Papato ha tonalità diverse a seconda delle personalità dei diversi pontefici e della varie situazioni storiche. È iniziato, pure in membri della Gerarchia, il millennio della decadenza dei valori spirituali e dell'affermazione dei valori materiali.

Questo intromettersi, di fatto, anche politicamente e in modo massiccio, vale particolarmente per Papa Bonifacio VIII, che siede in Cattedra quando non solo la *forma mentis* di chi governa l'Impero e i nuovi regni è ormai da tempo profondamente mutata rispetto al millennio precedente, ma sta cominciando a sorgere la mentalità laica. Va inoltre detto che l'azione di Bonifacio è ancora più dura perché c'è un attacco anche dalla parte opposta, sia pure in buona fede, da parte di quei cattolici che, anche per reazione all'ormai secolare laicizzarsi di certi esponenti della Gerarchia, si pensi solo a certi vescovi-conti più feudatari tante volte che vescovi, seguono i movimenti spirituali.

È opportuno precisare a questo punto che i cristiani d'ogni tempo possono scegliere di fare già qui la cosiddetta *anticipazione della Vita eterna*, come avviene per i monaci e i frati e pure per coloro che pronunciano voti privati, segreti, davanti a Dio; oppure possono dedicarsi agli impegni nel secolo, come fanno per esempio i genitori con l'educare i figli oppure un politico onesto che cerca il bene pubblico (non del partito, fosse pure un partito cristiano, perché un deputato deve cercare il bene comune!). È rischio per coloro che fanno la prima scelta il cosiddetto *angelismo*, cioè dimenticare gli obblighi verso il prossimo isolandosi in preghiera, mentre rischio per gli altri credenti è scordare di fatto che alla fine c'è la Vita eterna: i primi con la loro scelta stanno a ricordarlo ai secondi e i secondi a rammentare col loro agire ai primi che in questo mondo c'è comunque un dovere di carità concreta. La Chiesa, l'assemblea dei cristiani, ha dunque questi due aspetti e un Papa non può dimenticare nessuno dei due.

Quanto viene oggigiorno affermato con veemenza da parte laica, che la Chiesa deve limitarsi alle questioni dello spirito, ha rischiato d'essere attuato già col Papa che ha preceduto Bonifacio, il pontefice di compromesso Celestino V, *dannato* fra gli ignavi, se di lui si tratta, da Dante:

[...]

poscia ch'io v'ebbi alcun riconosciuto,

vidi e conobbi l'ombra di colui

che fece per viltade il gran rifiuto

Quel Papa s'è dimesso dopo soli due mesi di pontificato e, forse, vi è stato portato con l'inganno dal cardinal Caetani, il prossimo Bonifacio; un breve periodo in cui Celestino ha mirato del tutto, sotto l'influsso di movimenti spirituali, all'angelismo e ha abbandonato i cristiani al potere politico, contro i princìpi dell'originale Cristianesimo che vogliono un impegno della Chiesa anche nel secolo per la salvaguardia della libertà di coscienza dei credenti. Ciò non toglie peraltro che in coscienza, ed è ciò che conta davanti a Dio, Celestino fosse un santo, così come la Chiesa ha riconosciuto *nonostante* Dante.

Gustave Doré, Caronte

La lotta di Bonifacio contro i monarchi assoluti è durissima. Non si tratta soltanto del fortissimo carattere di questo Papa. L'avversario non è più solo l'Impero ma è ormai molteplice, dopo la nascita dei regni tra cui, fortissimo, quello di Francia; ed è un avversario molto temibile. Storicamente bisogna sempre cercare di valutare, per quanto possibile, con serenità. Bonifacio è certamente uomo autoritario all'estremo, nonché nepotista e forse simoniaco; profondamente antipatico, stando ai profili che ce ne sono giunti. Qui però il punto è se, come Papa, adempia durante il suo pontificato il suo dovere spirituale. Scordando dunque per un momento i giudizi totalmente negativi su di lui, da quello del solito, inflessibile Dante, oltretutto convinto della validità della sua teoria dei due Soli, fino a quelli degli storici laici dall'Illuminismo in poi, la lotta di questo pontefice, le cui ragioni e fini egli manifesta al mondo con la bolla *Una Sanctam*, contro i sovrani e soprattutto contro Filippo il Bello re di Francia, è coerente col principio originale del Cristianesimo della libertà di coscienza dei cristiani dall'arroganza del potere politico: fin dagli inizi, per la Chiesa il Sole della coscienza è uno solo: non il Papa, semplice vicario di Cristo comunque Bonifacio pensi sé stesso (e per le sue intrusioni anche politiche mi parrebbe che si consideri Sole); non l'imperatore e in genere il sovrano, checché ne pensi secoli dopo re Luigi XIV; ma Gesú Cristo capo della Chiesa.

La lotta di Bonifacio VIII contro l'assolutismo dei sovrani è destinata alla sconfitta: l'idea cristiana di persona sta ormai per essere rifiutata da molti.

Domenico di Michelino, Dante (i tre Regni), Museo dell'Opera del Duomo, Firenze

4. La crisi della persona cristiana

Lorenzo de' Medici "il Magnifico"

Negli anni successivi, soprattutto con l'Umanesimo, l'essere persona cristiana non è più avvertito come una libera condizione ma come un legaccio.

Con la nascita dell'uomo del borgo, del borghese, l'economia di mercato è divenuta primaria, economia cui è necessario lo svincolo dalla morale cristiana, cioè la separazione della fede dalle opere: i mercanti più agiati, alcuni dei quali, come sappiamo, si faranno prìncipi, cominciano a proteggere intellettuali che li ricambiano coi loro scritti. Membri dell'alta gerarchia ecclesiastica, per l'influsso della cultura laica, tengono ormai solo al loro potere, contro i princìpi del Cristianesimo, addirittura come se non credessero più in Gesú Cristo, e forse per parte di loro è proprio così. Il credente laico (in senso cristiano) vive ancora nella Chiesa ma non sente più d'essere la Chiesa: la gerarchia ecclesiastica mostra ormai da molto di considerarsi *più Chiesa degli altri* e la Messa è divenuta da tanto tempo qualcosa cui i cristiani laici assistono ma cui non partecipano più: addirittura pare che non si voglia ch'essi intervengano; guai, ad esempio, se chi non è prete tocca un'ostia consacrata: si pensa addirittura meglio lasciare un moribondo senza Comunione, quando un prete non sia disponibile per tutti come nei casi d'epidemie, piuttosto che incaricare un laico di portargliela.

Simili divieti si protrarranno fino al Vaticano II. Solo con questo concilio, finalmente, si riformerà profondamente la Messa, riportando i fedeli alla stessa partecipazione dei primi secoli, e si chiederà loro di evangelizzare alla pari degli ecclesiastici.

Nel secolo e mezzo che precede la Riforma protestante, indipendentemente dalle ragioni economiche che muovono i borghesi, in molti intellettuali nasce l'idea che per ragioni culturali la ragione debba staccarsi dalla fede. Non secondaria è la spinta data dalla reazione psicologica all'Inquisizione, quell'istituzione voluta per combattere gli eretici sempre più anticristiana col passare del tempo e che ancora più grave diviene dal 1484 con la bolla *Summis desiderantes* di Innocenzo VIII, Inquisizione su cui è impossibile indagare in questo breve saggio d'argomento generale.

Volendo, si può vedere in merito il mio "Il giudice e le streghe", **Prospettiva**editrice, fuori catalogo ma disponibile a cura dell'autore in e-book mobi kindle all'indirizzo:

È un romanzo, ambientato nel XVI secolo, di carattere storico-sociale, con aspetti del poliziesco, in cui risultano le principali cause della *caccia alle streghe*.

Gli studiosi creano in questo periodo le espressioni *naturale* e *soprannaturale*. Si ritiene che solo il naturale, che cade sotto i sensi, sia degno della ragione. Nell'ambiente colto è ormai sorto il nominalismo, che discute fra l'altro se la Risurrezione debba essere presa alla lettera, se Cristo sia personaggio storico o emblema del Cristianesimo, se l'anima sia essenza immortale o non significhi solo vita e dunque muoia col corpo. Anche per non avere, per quanto possibile, persecuzioni dall'Inquisizione, si afferma tra gli studiosi il principio della doppia verità, quella della ragione e quella da accettare per fede e manifestare pubblicamente, ad esempio partecipando alla Messa.

Nel complesso si può ritenere che i semi dell'Illuminismo siano già nati.

Com'è noto, la cultura greco-romana, grazie ai documenti salvati dai monaci e a nuovi reperti, torna primaria; e con essa, l'importanza del ruolo nella società e il disprezzo per il volgo da parte di chi ha il ruolo d'intellettuale. Risorge una mentalità pagana. E' già rinata per certi aspetti la schiavitù, come quella dei prigionieri di guerra forzati ai remi sulle galere cristiane. Non si è più da tempo, nel sentire comune, tutti figli eguali di Dio.

Avvenuta dunque presso gli studiosi una rottura tra fede e ragione, si giunge anche nella Chiesa a ritenerle inconciliabili, nasce pure in àmbito religioso la falsa idea della doppia verità e, per avversare quegli studiosi, si sostiene la fede contro la ragione abbandonando quest'ultima alla categoria del male.

Intanto, tutto è pronto per la Riforma protestante, complici la rilassatezza di costumi di tanta parte della gerarchia ecclesiastica e l'idea che la ragione sia male.

Lucas Cranach il Vecchio, ritratto di Martin Lutero

5. La soluzione di continuità con la tradizione cristiana

Con la cosiddetta Riforma si recidono molti dei legami con la tradizione cristiana.

Una riforma dovrebbe puntare invece alla purezza delle origini e, insieme, a una maturazione che i tempi nuovi richiedono. Sarà tale, molto più in là, quella del concilio ecumenico Vaticano II.

I protestanti non riformano ma, liberatisi di vari aspetti del Cristianesimo delle origini, creano un diverso modo d'intendere l'uomo. Per Lutero dopo il peccato originale di Adamo, colpa ch'egli intende alla lettera e non come spontaneità nell'uomo d'ogni tempo dell'egoismo e della superbia, la ragione umana è sicuramente guasta, malvagia, e nulla di buono può fare nel mondo; si può solo sperare d'essere predestinati alla Salvezza: gli uomini non sono più eguali di fronte a Dio perché si crede che il Creatore voglia salvarne solo alcuni indipendentemente dalle loro opere. Anche più pessimista di Lutero è Calvino, pur se, sul principio evangelico che la pianta buona dà frutti buoni, ritiene che le opere giuste siano un indizio dell'essere in Grazia; ma neppure per lui le opere contano in sé stesse. Il problema essenziale del protestante è quello d'essere in armonia con Dio, di avere la fede raggiungendo una psicologica serenità, di *sentire* che Dio lo salverà. Questo grazie al solo rapporto diretto con lui attraverso la Parola. Prima, la Scrittura non era stata il solo mezzo del rapporto con Dio, lo era stata primariamente la Chiesa, il popolo di Dio attivo nella società per anticipare per quanto possibile la Città di Dio. Di fatto per luterani e calvinisti, nella società l'uomo può essere solo un ruolo perché è una società che Dio vuole com'è e che l'uomo corrotto cacciato dall'Eden non può sostanzialmente migliorare. I luterani si astengono del tutto mentre in àmbito calvinista si finisce col dare base religiosa alla società mercantilista *voluta da Dio*. Nasce l'uomo d'affari protestante cui il successo, per il principio del buon frutto, diventa segno della benevolenza di Dio stesso.

Va detto che oggigiorno molti protestanti son tornati a valutare essenziali le opere e l'impegno sociale per obbedire all'ordine dato da Gesú ai suoi. Sono dunque possibili il dialogo e la collaborazione costruttivi fra essi e i cattolici.

Holbein il Giovane , ritratto di Giovanni Calvino

Dunque, con la Riforma i cristiani divenuti protestanti non sono più un ostacolo al progetto sociale laico. Per quanto riguarda i cattolici, il falso principio della doppia verità ne rende più debole l'opposizione; anzi, sotto l'influsso protestante molti cominciano a sentire la fede più importante delle opere.

Le guerre di religione, al termine delle quali inizia l'era moderna, sono conflitti fra i nuovi Stati e soltanto si richiamano alle differenze religiose. Il principio sancito dai trattati di Westfalia, che pongono fine a quelle guerre, è sostanzialmente questo, che ogni suddito deve avere la religione del suo sovrano e se non è d'accordo, per tolleranza (*sic*) deve esiliarsi.

A questo punto la religione è stata assorbita dallo Stato, incarnato nel principe assoluto.

Eppure essa non dovrebbe mai essere strumento di alcuno Stato, sia questo un regno assoluto o una repubblica democratica; dovrebbe battersi per liberamente esercitarsi ovunque, col diritto di richiamare all'ordine in nome di Dio i governanti che la vogliono soggetta e, al limite, mirano a una società atea per esercitare il loro potere senza alcun Freno trascendente.

A questo punto della storia però, non è più così.

6. Lo Stato eticamente assoluto

7.

Illuministi

Riunione d'apertura degli Stati Generali di Francia

La Dichiarazione dei Diritti dell'Uomo e del Cittadino

Nei due secoli seguenti la Riforma, gli uomini di cultura sono ormai, di norma, sempre più staccati dal Cristianesimo. Il colpo decisivo viene dato dall'incrudelirsi ulteriore dell'Inquisizione nel '500 e '600: qualcuno, secoli dopo, dirà: "Visto che la Chiesa continua a esistere nonostante quanto hanno fatto nel tempo certi preti, è davvero sorretta dallo Spirito Santo".

Per gli studiosi, soprattutto col sorgere dell'Illuminismo, non è più da Dio che viene la grandezza dell'uomo; anzi, l'idea è diventata nemica perché essi ritengono che l'individuo abbia un valore infinito per sé stesso: l'uomo s'è fatto Dio. L'aspirazione illuminista comprende dunque l'eliminazione dell'educazione cristiana per le nuove generazioni e la sua sostituzione con una formazione culturale strettamente laica, in vista d'una società che basti a sé stessa, dove sia centrale ogni essere umano e siano esclusi Dio e la sua etica eterna.

La polemica con la Chiesa è potente, sia da parte di chi come Voltaire esprime, con frasi violentissime, il suo odio per lei, da posizioni tutto sommato superficiali quanto a conoscenza del Testamento, sia, con maggiore frutto nel secolo seguente, da parte di chi, sopra a tutti Kant, senza polemizzare, serenamente, manifesta il suo diniego a verità rivelate, in quello che ritiene l'ormai raggiunto stadio adulto dell'umanità nel quale si può, grazie alla ragione, non rivolgersi ad alcuna autorità in sede dottrinale. Un'idea sì di successo ma che arrogantemente non tiene conto del fatto che la ragione deve riconoscere i propri limiti, quelli oltre il quale c'è il misterioso Infinito, cui può giungere solo la fede nella Rivelazione.

Con la Rivoluzione francese, in realtà, il posto di Dio viene definitivamente occupato non dai soggetti ma dallo Stato. Non essendoci più in molte persone, non solo intellettuali, l'aspettativa della Vita eterna, è necessario a maggiore ragione regolare la civile convivenza, dato che più individui umani *infiniti* non possono coesistere; e si deve astrarre, cercando di convincersi e di convincere che la società e lo Stato coincidano, mentre in realtà lo Stato, come ben ha dimostrato Jacques Maritain, è solo la testa del corpo sociale, ieri e oggi, compreso lo Stato parlamentare. A questo punto l'uomo viene di nuovo rinchiuso nel suo ruolo sociale. Siamo tornati all'antico, e non a caso si onora Roma e la sua Repubblica – per pochi – e ben presto, con Napoleone, il suo Impero. La

Dichiarazione dei diritti dell'uomo e del cittadino espressamente afferma che l'essere umano ha valore in quanto è cittadino. Così, sottoponendo la persona allo Stato la si annulla. La coscienza davanti a Dio non conta più. Importa seguire la legge che pochi capi fissano soggettivamente e, assai sovente, per i loro interessi. Essi non hanno più Dio a cui rispondere; anzi lo Stato, cioè coloro che in effetti lo costituiscono, ha occupato l'area lasciata libera da Dio. Però è ancora necessario eliminare la Chiesa, per rendere solido il nuovo ordine. Se ne dà segno distruggendo costruzioni e immagini religiose, comprese opere d'arte. Ad esempio nel 1792 l'abbazia di Cluny viene dichiarata cava pubblica di pietre; per questo viene ridotta a un terzo. Molti preti e monache sono ghigliottinati. Si crea la chiesa nazionale francese (ma solo un quarto dei sacerdoti aderisce; gli altri, se non uccisi, si nascondono, sovente nelle case dei fedeli): il fine è di abolire poi del tutto la dimensione religiosa.

Sia chiaro che non intendo dire che tutti i cattolici siano vittime innocenti. Il Terzo stato francese ha potuto usare il popolo del Quarto stato per i suoi scopi perché troppi membri dell'alta Gerarchia ecclesiastica avevano dimenticato, nei fatti, d'essere cristiani. La cronica carenza di pane e altre gravi ingiustizie, relativamente alle quali dette persone, il Primo stato, non s'erano preoccupate a sufficienza di richiamare all'ordine il Secondo, la nobiltà, e prima di lei il Trono, avevano costruito, via via, la leva con la quale la borghesia, a sua volta vessata da imposte per il mantenimento dello stesso Primo stato e del

Secondo, alla fine ha potuto abbattere l'antico regime e conquistare lo Stato francese.

Rivoluzione francese, esecuzione sulla ghigliottina

7. L'anticristianesimo storico-filosofico e scientifico

Hermann Samuel Reimarus

Poiché il Cristianesimo non viene distrutto, l'aggressione continua, in forme e gradi diversi a seconda dell'ideologia, nell'800 e nel '900.

Massiccio è l'attacco culturale da parte di due scuole, quella storico-filosofica delle religioni comparate e la scuola razionalista, o critica, ancor più insidiosa perché ha pretese scientifiche e che ha i suoi primi esponenti, Reimarus e Voltaire, già nel XVIII secolo. Molti, come Bruno Bauer i cui scritti serviranno al Marx per tentare di dimostrare la religione *oppio dei popoli*, appartengono a entrambe le scuole. Si tratta di circa due secoli di critica rigorosa al Cristianesimo e all'apparenza convincente. Tuttavia, una più attenta analisi svolta dalla scuola tradizionalista (o critico-storica) cattolica ha dimostrato che le conclusioni di quelle altre scuole non sono accettabili. Non è questo breve scritto la sede per discuterne; l'ho fatto altrove:

Guido Pagliarino, "Gesú, nato nel 6 a.C. crocifisso nel 30, un approccio storico al Cristianesimo", **Prospettiva**editrice; il libro è fuori catalogo, ma è disponibile e scaricabile **gratuitamente** da Kobo il relativo e-book formato epub, al seguente indirizzo.

https://store.kobobooks.com/it-IT/ebook/gesu-nato-nel-6-a-c-crocifisso-nel-30

Qui mi limiterò ad accenni: La scuola storico-filosofica delle religioni comparate si basa sull'analogia, senza portare alcun documento storico a dimostrazione del fatto che il Cristianesimo sarebbe solo una tra le tante, simili religioni che la mente umana avrebbe ideato e, in particolare, che sarebbe un'evoluzione di altri credi: ad esempio, che la figura della Madonna deriverebbe da quella di Iside. Non ha carattere scientifico ma filosofico, proprio perché si basa solo su certe analogie tra credi religiosi e non ha trovato documenti antichi. Non avendo sperimentalmente falsificato quelli cristiani, relativamente ai quali la malafede degli autori mai è stata dimostrata, è dunque inesatto definirla scuola storica.

La scuola razionalista, che viceversa ritiene Gesú figura storica, conclude che si sarebbe trattato d'un semplice uomo divinizzato dagli Ebrei. Essa però non considera la mentalità ebraica, che prova orrore e considera bestemmia la sola idea di divinizzare un uomo, tant'è vero che se accadesse se ne verrebbe lapidati: neppure Abramo e Mosé lo sono stati e ciò sarebbe invece avvenuto nei pochi anni di predicazione di Gesú, oltretutto finito su di una croce come un malfattore?! Inoltre questa scuola esclude per principio il Trascendente, in quanto non sperimentabile, senza considerare che l'impossibilità di sperimentarlo fa proprio parte della definizione di Trascendente; semmai è Dio che può rivelarsi e, dato il nostro limitato cervello immanente, solo in forma analogica, toccando il cuore come dice Gesú a proposito delle sue parabole.

Ludwig Feuerbach

Il filosofo Ludvig Feuerbach scrive nel 1841, nella sua "Essenza del Cristianesimo", che gli dèi sono nient'altro che voti degli esseri umani; che l'uomo aspira agli infiniti amore, giustizia, sapienza, insomma all'assoluto, e li concreta in un'illusoria realtà divina. Si tratta invece della grandezza umana, egli dice; il concetto di Dio del Cristianesimo, religione che per lui meglio d'ogni altra esprime l'aspirazione umana alla perfezione, aliena l'uomo dalla realtà e, dunque, è necessario liberarsene. Per il Feuerbach la reale divinità è nell'essere umano collettivo, nell'umanità; e prima di tutto importa l'amore, che consente al soggetto d'essere in comunione con l'umanità intera, nell'altruismo. Un concetto nobile, come si vede; e si può ritenere, fino a prova contraria, che la buona fede sia presente non solo in questo filosofo anticristiano ma in genere in tutti i critici laici del Cristianesimo. Come con le sue sole forze, a differenza che, almeno sufficientemente, nel Cristianesimo del primo millennio, l'uomo non abbia affatto raggiunto la fratellanza con gli altri uomini è però sotto gli occhi di tutti. Lo stesso Cristianesimo d'altronde, nella sua saggezza, parla del prossimo, non dell'umanità intera, dice che bisogna positivamente impegnarsi nella società per migliorare i rapporti fra le persone, ma non illudersi di cambiare tutto il mondo, anche perché il male è banco di prova per l'elevazione spirituale affinché ogni persona dimostri, come Dio vuole, il proprio valore.

Karl Marx

Karl Marx viene dapprima influenzato da Bruno Bauer per poi trovare nel Feuerbach la più perfetta critica al Cristianesimo, come scrive in sostanza nell'articolo "Lutero arbitro fra Strauss e Feuerbach" e quindi nel libro, a due mani con l'Engels, "La Santa Famiglia". Tuttavia, per il Marx Ludvig Feuerbach è ancora un utopista perché limita la speranza all'àmbito dello spirito, fa riferimento a un uomo astratto invece di basarsi sugli individui reali nei loro rapporti di produzione e, in genere, nelle concrete situazioni storico-sociali; però il Marx non cesserà mai di apprezzarlo per la sua critica anticristiana, che resterà la sua. La *religione oppio dei popoli* è concetto che gli nasce dalla lettura degli scritti del Bauer e del Feuerbach, oltre che dall'osservazione del comportamento di capitalisti inglesi cristiani che mostrano fede in Dio e operano *da diavoli*, giungendo a sfruttare atrocemente bambini di otto anni e a volte meno.

Nella sua ricerca filosofica sulla storia, il fondatore del Positivismo Auguste Comte giudica il Cristianesimo antisociale, stravolgendone

Auguste Comte

completamente i precetti. Afferma, ad esempio, che riempie le menti dei fedeli col pensiero della morte e li porta a disertare perciò i compiti nel mondo rendendoli asociali. Sostiene che la dottrina della Salvezza è egoista e che l'uomo cristiano non ha dignità. Sentenzia che legandosi il cristiano a un'infinita potenza – con la minuscola –, egli viene isolato dall'Umanità – con la maiuscola –. Ritiene che per il credente la società non sia che un semplice agglomerato d'individui, ciascuno occupato soltanto a raggiungere la propria salvezza in Dio, incapace di partecipare alla Salvezza degli altri se non per guadagnare egoisticamente la propria. L'idea che Dio è Amore, e non un giustiziere, gli è estranea – anche a certi cristiani, purtroppo –; per lui il comandamento di amare il prossimo è solo una maschera del calcolo personale. Per quanto riguarda il perdono, dichiara che non è un concetto cristiano in quanto era già "largamente praticato, soprattutto da Alessandro e da Cesare" (sic!). Questo filosofo abbassa il Vangelo e in genere il Nuovo Testamento a semplice fantasia, senza fornire nessun documento che abbatta la sostanziale storicità di quelli cristiani. Tratta Gesú con enorme disprezzo, definendolo "essenzialmente un ciarlatano". Nel suo elenco dei grandi uomini della storia include Mosé, Confucio, Maometto, ma non Cristo. Ammira invece Paolo di Tarso, ma solo in quanto lo ritiene il creatore del Cristianesimo delle origini, verso il quale – almeno questo – nutre stima; San Paolo, per lui, avrebbe usato il nome dell'oscuro Gesú per costruire una dottrina d'amore. Non fornisce però il minimo documento per dimostrare che là dove Paolo dichiara d'essere il semplice testimone dice il falso; e oltretutto, ammira un bugiardo?! Il Comte cerca di distruggere il Cristianesimo per creare la sua immanente religione positivista. Ci riesce, ma solo verso persone digiune di storia e di dottrina cristiane e che ignorano il metodo della ricerca storica, analogo, anche se nella storia non è possibile l'esperimento di laboratorio, a quello delle scienze fisiche: congettura, corroborazione con documenti, possibilità di falsificazione della congettura a causa del ritrovamento di documenti contrari e più convincenti: non dunque ipotesi logiche ma nessuna prova. Mi può in particolar modo comprendere chi conosca l'epistemologia di Karl R. Popper: nei primi anni '70 in Italia eravamo *dieci* popperiani; ora siamo in molti e confido d'essere ben inteso.

Friedrich Nietzsche risente, anche a proposito del Cristianesimo, dell'influsso dello Schopenhauer e del Wagner, a loro volta ammiratori del Feuerbach che il secondo, nelle sue "Memorie", chiama "il rappresentante della liberazione radicale e categorica dell'individuo". Il Nietzsche si allontana poi dai maestri, ma non su questo punto. Egli non si propone di dimostrare filosoficamente che Dio è falso, semplicemente lo ritiene un concetto nemico e pone come postulato ch'egli non possa vivere se non nella coscienza degli uomini, un pensiero che per lui curva tutto ciò che è diritto come la storia starebbe a dimostrare. Per questo filosofo, nella morale cristiana la vita è rinnegata perché tutte le speranze delle pecore sono riposte in un mondo astratto ultraterreno. Anche per lui Dio non sarebbe che lo specchio dell'uomo; ma gli uomini superiori, solo loro lo possono, devono distruggerlo: "O uomini superiori, allontanatevi dalla plebe" afferma nel suo "Così parlò Zarathustra". Per lui "la religione è un caso di alterazione della personalità" che ha storicamente colpito la gran massa degli uomini ma da cui l'oltreuomo[14], o superuomo come comunemente si traduce, deve ormai essere libero per farsi dio a sé stesso, capace di superare anche le situazioni più atroci come l'eterno ritorno, cioè il fatto che, secondo lui, il mondo non è destinato a nulla e che la vita è causa e scopo a sé stessa. Forse dico una banalità, ma mi pare che sotto l'apparente eroismo dell'oltreuomo si nasconda il sadomasochismo – e così pure nella società odierna –: per il Nietzsche, una volta privato di Dio l'oltreuomo è costretto a costruire. Non essendoci più Dio "la solitudine è insopportabile ed è necessario mettersi all'opera traendo da sé, dal nulla, un quid con cui trascendere l'umanità; che ne calpesti la testa coi piedi e si lanci al di là della sua ombra. La prova di resistenza a cui s'è condannato da solo gli rivelerà, realizzandola, la sua divinità": volontà di farsi dio, volontà di potenza. Non riesco a immaginare niente di più egoistico e superbo, cioè di più anticristiano. Considerando però come l'egoismo e la superbia siano spontanei in ogni essere umano – la parte naturale, animale dell'uomo, il cosiddetto peccato originale[15] – non mi stupisco che il pensiero nietzschiano abbia trovato tantissimi seguaci in una società come la nostra dove la volontà di coscienza che cerca di seguire l'etica di Dio è stata emarginata, e non solo presso intellettuali ma, in forma becera, presso una gran parte della popolazione, che tante volte neppure sa chi sia stato il Nietzsche. Il bisogno di eliminare Dio non trova in questo filosofo il suo vertice assoluto. Sarà alzato ulteriormente dopo di lui.

La democratica società contemporanea pagana, e non più cristiana, senza oggettivi valori che possano consentire un minimo di vita buona, è dunque una società, tutto sommato, nietzschiana, compresa, ma fosse solo questo! l'adorazione dell'arte e della poesia da parte di certi nostri intellettuali ululanti in televisione, intesa come l'espressione più alta dello spirito; dionisiaco, ovviamente.

Edvard Munch, Friedrich Nietzsche, Museo Munch, Oslo

8. Lo Stato laico liberale e democratico

Papa Pio IX

Nel secolo diciannovesimo, mentre gli attacchi al Cristianesimo proseguono durissimi, il Liberalismo proclama: "Lo Stato, come origine e fonte di tutti i diritti, gode di un diritto che non ammette confini", proclamazione che si attira la condanna di Pio IX nel Sillabo e, dal loro punto di vista, anche di laici liberali come il filosofo Spencer, e che può applicarsi perfettamente agli Stati totalitari successivi.

Il Sillabo, trasmesso con l'enciclica *Quanta Una* dell'8 dicembre 1864, è una summa di ottanta errori del tempo secondo la Gerarchia cattolica, relativi al Razionalismo, al Naturalismo, al Panteismo, al Liberalismo col suo liberismo, al Socialismo; nonché riguardanti l'eccessiva fede nel progresso, quasi divinizzato; e tratta dei rapporti fra la Chiesa e lo Stato.

A quest'ultimo riguardo, che qui in particolare c'interessa, la dottrina sociale contenuta nel Sillabo, la stessa in sostanza del Cristianesimo delle origini nonché di oggi, è fondata sui seguenti presupposti:

La persona è prioritaria rispetto alla società perché questa si forma in seguito alle iniziative e alle aggregazioni delle persone. La società è superiore allo Stato e lo Stato nel regolamentarla deve tenere conto delle varie culture, le quali originano dalle persone e dalle organizzazioni di base. Lo Stato deve assicurare libertà alle diverse istanze, compresa la libera formazione delle nuove generazioni. La religione non può essere strumento di nessuno Stato e viceversa. Dunque, distinzione fra dimensione religiosa e struttura politica, ma non separazione: Chiesa libera dallo Stato con l'obbligo di non interferire in questioni politiche se non toccano il Cristianesimo e Stato libero dalla Chiesa in quanto non sia assoluto, cioè non miri o peggio non realizzi una società atea per non avere più alcun freno etico in Dio.

L'enciclica *Rerum Novarum*, 13 maggio 1891, di Papa Leone XIII sottolinea che l'essere umano è anteriore allo Stato. Condanna sia la dottrina economica socialista sia quella liberista. Il diritto di proprietà è necessario alla libertà del singolo essere umano che non deve essere schiavo dell'élite che ha il potere assoluto, di fatto, in una società comunista: l'idea marxiana della scomparsa finale dello Stato al presunto raggiungimento della maturità di questo tipo di società è utopica; ma la proprietà deve essere legata dalla morale, non come avviene in una società liberista basata sul semplice lasciar fare, sull'automatico lasciar passare: chi ha i mezzi di produzione deve cristianamente indirizzarli al bene degli altri, non al proprio egoistico potere, anch'egli deve avere il limite di Dio. L'etica in altre parole deve controllare sia la politica sia l'economia; e la carità, cioè l'amore cristiano verso ogni altro, che non viene dal sentimento ma dalla volontà, deve costruire una società che sia l'alternativa reale a quelle socialista e liberal-liberista.

Basilare, dunque, è un'educazione cristiana sin dalla più tenera età, che tra l'altro chiarisca che il valore d'una persona risiede soltanto nella sua buona coscienza e non nel potere politico od economico e nel successo mondano, cioè non nel suo elevato ruolo sociale.

A tutt'oggi questi interventi sono ancora stigmatizzati come oscurantisti da filosofi e storici laici, nonostante la storia politica e quella economica abbiano ormai reso giustizia a quei due, tutto sommato, preveggenti documenti che furono il Sillabo e la Rerum Novarum, nel loro tempo oggetto di attacchi ancora più duri da destra e da sinistra e non solo di laici e di protestanti ma anche di cattolici.

9. Lo Stato totalitario ovvero la Religione-Stato

Parco dei mostri di Bomarzo (Viterbo): Orco

Nel XX secolo il Cristianesimo viene avversato pure dagli Stati comunista, nazista e fascista.

Il Concordato del 1929 con la Santa Sede è uno strumento di Mussolini per cercare d'attirare il consenso dei cattolici allo Stato fascista[16] ateo: è nota l'idea del dittatore su Gesú, da lui espressa a membri del suo entourage: "Gesú? Un piccolo ebreo che ha fatto la fine che si meritava". Lo scopo della Santa Sede è a sua volta meramente concreto: guadagnare spazi di evangelizzazione nello Stato fascista, sebbene Mussolini proclami solennemente: "Tutto nello Stato attraverso lo Stato e con lo Stato: niente fuori dallo Stato". Già nel 1931 dalla Santa Sede si minaccia di denunciare il Concordato a causa della concezione fascista dello Stato, divenuta addirittura idolatra. Ciò non avviene in quanto si considera che la situazione dei cattolici peggiorerebbe, però resta chiaro in Vaticano che si tratta d'una costrizione cui la Santa Sede s'è assoggettata per dare spazi di libertà al Cattolicesimo. Non va tuttavia taciuto che ci sono prelati che in quel tempo vedono assai positivamente il Fascismo e altri che, quanto meno, l'accettano volentieri nel pensiero che, a differenza del Comunismo, con cui nessun concordato è immaginabile, il Fascismo non manifesta l'intenzione aperta di distruggere la Chiesa; ci sono coloro che definiscono Mussolini *l'uomo della Provvidenza*: forse non direttamente il Papa Pio XI, come invece comunemente si dice, ma certo prelati molto vicini al Soglio e non smentiti dal Pontefice. Resta il fatto che il fine dell'accordo è in sostanza il minor male, che ci sono sicuramente vantaggi per l'evangelizzazione in Italia e che la Chiesa non esita a chiaramente esprimere in più encicliche l'inconciliabilità fra totalitarismi e Cristianesimo, per cui nel complesso il bilancio del Concordato con l'Italia, durante il Fascismo, può ritenersi positivo per il Cattolicesimo.

Non si può dire la stessa cosa per quello con la Germania nazista, concluso il 20 luglio 1933, a differenza del primo su iniziativa di Hitler, non della Santa Sede, col tramite dell'ambasciatore cattolico presso il Vaticano Franz von Papen, già Cancelliere tedesco prima di Hitler di cui, insieme al presidente della Repubblica von Hindemburg, aveva favorito l'ascesa al potere; il dittatore tedesco è in assoluta malafede, tant'è vero che, pochi mesi prima durante un pranzo, aveva dichiarato ai suoi stretti collaboratori: "Il Fascismo può fare, se vuole, in nome di Dio la sua pace con la Chiesa. Lo farei anch'io, perché no?! Tuttavia estirperò ogni forma di Cristianesimo dalla Germania. O si è cristiani o si è Tedeschi!". Risulta da discorsi di Hitler e diari dei suoi collaboratori che lo scopo del dittatore è tattico, tranquillizzare per i primissimi tempi i molti cattolici tedeschi per non averne l'opposizione politica, mentre il suo fine strategico è la soluzione finale anche per la Chiesa, così come ordinerà al suo gerarca Martin Bormann nel 1941. Per la guerra in corso, rimanda la distruzione del Cristianesimo al momento della vittoria, in quanto non pochi soldati sono cristiani; consente loro persino di avere cappellani militari cattolici e protestanti per l'assistenza religiosa; ma ancora una volta solo tatticamente. Hitler considera il Cristianesimo come la continuazione dell'Ebraismo e, sulla scorta del Comte, ritiene che sia stato inventato dall'ebreo Paolo. Sa perfettamente che l'etica cristiana si oppone assolutamente al Nazismo. Inutilmente le gravi e poi gravissime persecuzioni anticristiane successive al Concordato con la Germania vengono stigmatizzate dai vescovi tedeschi, e dallo stesso pontefice Pio XI con la durissima bolla *Mit Brennender Sorge* del 4 marzo 1937, in lingua tedesca per essere intesa da tutti.

Il quotidiano Il Popolo d'Italia annuncia l'accordo del Regime con la Santa Sede in toni trionfali

Von Hindemburg e von Papen conducono Hitler al potere: una delle ultime vignette politiche satiriche pubblicate in Germania prima della dittatura nazista

10. Dunque, Stati diversi, anticristianesimo comune

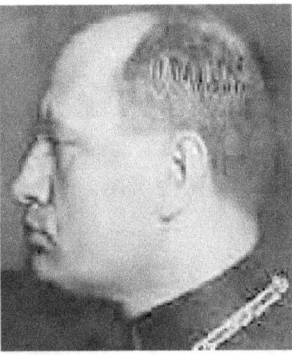

Le ben note immagini dei dittatori Stalin, Hitler e Mussolini

Dunque, nel diciannovesimo e nel ventesimo secolo Stati derivanti da filosofie diverse e addirittura contrastanti hanno come base comune l'ateismo e l'anticristianesimo; e riducono l'individuo a ruolo - cittadino - suddito. L'ateismo degli Stati comunista e nazista è evidente. Quello dello Stato fascista è nascosto, per interessi politici. Pure non sbandierato ma ben individuabile è l'ateismo dello Stato liberale e della successiva, odierna liberaldemocrazia: il principio cavouriano Libera Chiesa *in* libero Stato significa, diversamente dalla superficiale apparenza, che la libertà della Chiesa dipende dall'essere nello Stato; e che contro la sua stessa essenza religiosa non deve occuparsi della società: tanto nell'800 quanto oggigiorno, quando il Magistero ecclesiale si rivolge ai cattolici – non agli altri – per affinare coscienze, sùbito viene accusato d'indebita intromissione negli affari statali;

si pensi ad esempio alle accuse indignate alla Chiesa quando il Magistero si pronuncia contro l'aborto, la cui legge è sicuramente incompatibile con la morale cristiana.

Quanto sopra non significa che, come nel più lontano passato, non possano esserci ed esserci state di recente, a volte, indebite intromissioni politiche da parte della Gerarchia.

11. "Perché non possiamo non dirci cristiani" (B. Croce)

Il filosofo e storico Benedetto Croce

È assolutamente giusto ricordare che ci sono laici che vivono moralmente, non solo senza fare il male ma facendo il bene. Io credo però, con Benedetto Croce, che queste persone non solo accettino la morale naturale, col suo precetto di non fare il male, ma abbiano in sé duemila anni di etica cristiana, col suo profondo altruismo: ce ne sono, anche se rare, ma sono purtroppo tali anche i cristiani, che sanno addirittura fare il bene agli avversari, così come Gesú chiede. Perché *non possiamo non dirci cristiani*, aveva scritto il filosofo al riguardo, in polemica col *laicissimo* mangiacristiani e *tollerante*[17] Bertrand Russell dei saggi contenuti nel libro "Perché non sono cristiano": anche la morale laica, fino alla diffusione nella società del relativismo morale, del nichilismo etico nietzschiano e del pensiero debole, ha avuto sostanzialmente base cristiana. Io stesso sono stato per oltre vent'anni un laico, un liberale gobettiano; ma anche allora la mia etica era, di fondo, cristiana.

12. Il fallimento delle speranze di Herbert Spencer

Herbert Spencer

Va inoltre sottolineato che non tutti in ambiente laico accettano l'idea d'uno Stato parlamentare senza limite; pur non ritenendo di poterlo trovare in Dio.

Già nel secolo XIX Herbert Spencer scriveva: "La grande superstizione politica del passato era il diritto divino dei re; quella del presente è il diritto divino dei Parlamenti. [...] Per quanto possa sembrarci irragionevole la prima di quelle credenze, bisogna pur convenire che era più logica della seconda. [...] Non avendo alcuna pretesa ad origine o a delegazione divina, un corpo legislativo non può reclamare autorità illimitata. [...] Nel passato la funzione del Liberalismo fu quella di porre un limite ai poteri del re; nell'avvenire la funzione del vero

Liberalismo sarà quella di porre un limite ai poteri dei Parlamenti".

Passato più d'un secolo, vediamo che nessun vero limite s'è realizzato, cioè che pure quella speranza laica è fallita.

13. La volontà di coscienza

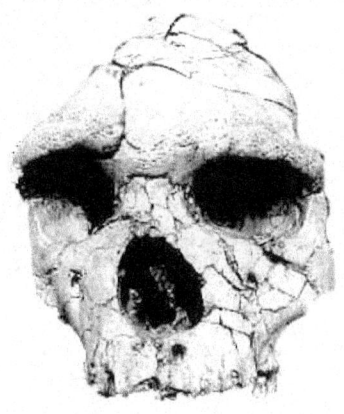

Un simbolo del nichilismo

Le élites politiche liberaldemocratiche non hanno che il freno dell'opinione pubblica, ma questa è indirizzabile grazie ai mezzi di comunicazione di massa. Al più, può accadere a ogni nuova elezione che gl'interessi di un'élite sostituiscano quelli di un'altra. Non è l'immaginaria sovranità popolare che può trattenere i governi dagli eccessi, ma la possibilità che l'élite all'opposizione indirizzi a sé più voti nelle elezioni successive e sostituisca quella in carica, come dimostra l'esperienza è già avevano ben teorizzato, circa un secolo fa, il Mosca e il Pareto: meglio che nelle dittature ma non abbastanza per parlare di sovranità popolare, di soggetto umano protagonista e di società coincidente con lo Stato parlamentare.

Il sociologo ed economista Vilfredo Pareto e il sociologo Gaetano Mosca

Alla morale evangelica, che nella società cristiana del primo millennio guidava normalmente le persone e non solo pochi spiriti più nobili, non solo non s'è sostituita una oggettiva morale laica ma, nel soggettivismo, nessuna morale e in pratica, per moltissimi, l'antimorale dell'egoismo. Non solo la filosofia ma pure certa sociologia ha vanificato la morale riducendola a *ogni morale*, a ciascun sistema di soggettivi valori, dimenticando a propria volta che, anche secondo tutta la tradizione storica, la morale ha un senso e una funzione sociale solo se ha a proprio fondamento l'altruismo. A livello parlamentare questo soggettivismo porta semplicemente ad accettare che siano votate leggi contrarie agli storici valori etici forti, valori non solo cristiani ma che troviamo già, per citare solo alcune figure, in Confucio, Socrate, Seneca; anzi, il soggettivismo conduce a indignarsi quando, per voto cosiddetto trasversale, questi valori eccezionalmente trionfino. Oggi ci sono intellettuali d'impronta nietzschiana che considerano degni soltanto i loro personali punti di vista e hanno come solo e vero fine l'affermazione del proprio ego culturale. S'è ampiamente diffuso tra i cittadini un volgar-nicianesimo ancora più basso che si può sintetizzare nella volgare espressione *il proprio porco comodo*: si tratta di coloro che il Nietzsche chiamava con disprezzo la plebe.

Questo filosofo, infine, era impazzito. Così sta accadendo alla nostra società.

"La gente", come s'usano ormai definire collettivisticamente le persone da certe scranne del potere, viene normalmente stordita con la prospettiva del benessere materiale o meglio, titillandone la volontà di potenza, instillando in essa l'illusione di divenire importante o almeno di contare nella società grazie all'ostentazione di beni materiali: la oggettività di quei beni dà alle persone prive d'obiettivi valori un'apparente sicurezza, a differenza dei soggettivi e mutevoli valori *deboli*, e quest'illusione induce al conformismo verso le élites culturali laiche, che se ne approfittano. C'è anche un consumo, per così dire, di postmodernità, il sentirsi cioè avanti, insieme ai più famosi liberi pensatori del momento, non importa molto se filosofi come Gianni Vattimo o giornalisti e *showmen* di buona cultura e larga popolarità. Naturalmente, per poter godere i propri beni, materiali come la nuova auto potentissima o immateriali come l'appartenenza a un famoso club esclusivo, bisogna che gl'impegni si riducano il più possibile, magari solo a quelli di lavoro, che nessuna persona disturbi troppo, fossero pure i genitori, il coniuge, i figli. Meglio dunque, nella mentalità corrente, far pochi o nessun bambino, stare col coniuge solo finché ci si sta bene e, se viene comodo, abortire o divorziare. Ci s'illude così, vanamente, di mirare a una sorta di beato Paradiso terrestre o di poetico, armonioso Parnaso.

Nicolas Poussin, Parnaso, Museo del Prado, Madrid

È inteso che non mi riferisco all'assoluta totalità delle persone ma solo, e comunque non è poca cosa, alla maggioranza.

Nota incisa, stesa per la 2ªedizione, 2015, di questo saggio che precede la crisi: Se la decadenza economica che stiamo attraversando da anni obbliga molti a tralasciare certe pretese suntuarie, la psicologia di quelle persone, in fondo, resta la stessa, l'obiettivo rimane quello di tornare al più presto, quanto meno, alla condizione precedente di gran consumo e poi, magari, di salire oltre nello spreco. Io penso che ciò non sarà più possibile, ma nei cuori il sentimento, a quanto ho raccolto in più sedi, direttamente o dai media, resta quello. Non sto giudicando, sono soltanto profondamente dispiaciuto per la mancanza d'ideali in tantissimi cittadini.

La lotta per il successo economico, sia per "la gente" che, su di lei, per i potenti dell'economia è al coltello, in certi casi fino alla criminalità.

La stessa Unione Europea si basa, di fatto, soltanto sugli affari.

Invano si pretende, in questa situazione normalmente amorale, che sia lo Stato a nettare con le sue sole leggi la nostra società zeppa di criminali nichilisti, sia comuni sia in guanti bianchi.

I cittadini sono tenuti il più possibile nell'analfabetismo cristiano, non più tanto, mi parrebbe, per ideali laici ma piuttosto per favorire gl'interessi economici i quali hanno fortissima influenza sulla politica e sui mezzi di comunicazione e, dunque, sui valori soggettivi del momento. Nella scuola pubblica si pretende ormai da tempo d'insegnare storia, filosofia, letteratura occidentali lasciando facoltativo lo studio della storia e del pensiero cristiani, essenziale per la buona comprensione di quelle discipline. Invece, ed è peggio, se ne fanno vagolare sui media schegge impazzite. I mezzi di comunicazione di massa laici avversano il Cristianesimo cattolico e creano confusione sul medesimo perché, a differenza di certo protestantesimo, il cattolicesimo è nemico del consumismo e critico verso gli affari e, dunque, è avversario dei suddetti interessi. Cercano di diffondere l'errata idea che ragione e fede non possano coesistere; e al riguardo non informano, sempre che lo sappiano, che il Cristianesimo non è una religione irragionevole, visceralmente campata in aria verso un dio, ma si basa sulla fiducia storica nella predicazione degli apostoli e degli altri testimoni oculari della risurrezione di Gesú; esso cioè non parte da un dio per scendere all'uomo ma, razionalmente, dalla storia, dall'uomo per salire a

Dio. I media laici guardano invece con favore alla New Age che si occupa solo dell'anima, secondo i personali gusti del soggetto al di fuori di una Rivelazione, e non chiede l'impegno della persona nella società e nemmeno il rifiuto del consumismo sfrenato; anzi, enormi affari gravitano attorno a quel movimento, come ben ha evidenziato, chiamandolo supermarket New Age, lo scrittore cristiano Gaspare Barbiellini Amidei in un suo bel lavoro.

Dioniso con satiro e menadi

Ci s'illude nell'àmbito New Age di raggiungere serenità grazie a certe pratiche personali e di gruppo, ma se ne resta in realtà assai lontani. Intanto, anche a causa del medesimo movimento ma soprattutto per la paura che incute in tanti contemporanei la vita, sono tornati, nella mente di molti, i geni, gli spiriti e in genere le forze occulte pagane e s'è ridiffusa capillarmente la magia, così com'era stato fino a duemila anni fa per il popolo incolto e disperato, prima della liberazione cristiana. Nel sentire di molti poi, s'accompagna irragionevolmente alla magia uno scientismo volgare e saccente.

Nella nostra società i potenti, a parte alcuni, non hanno più freno mentale in Dio. Anche chi di loro è credente, a qualunque partito appartenga, si mostra normalmente legato da funi psicologiche: la società è ormai di fatto non cristiana e, a quanto pare, non si ritiene di poter governare prescindendone. La coscienza altrui non si può giudicare, ma c'è da chiedersi se certi parlamentari, che cristiani si proclamano, si comportino da cristiani. Penso che sarebbe sicuramente così se si mettessero su posizioni critiche e, senza timore di perdere il personale seggio, parlassero espressamente agli elettori condannando questa società atea, crudele e irrazionale: non il sistema parlamentare, sia chiaro, che è pur sempre il meno peggio, ma la società laicista: qui tale termine è indispensabile, la parola laico non renderebbe. Dovrebbe essere un'opposizione costruttiva, che comprendesse il voto a proposte di legge, di qualunque parte politica, ritenute morali e utili al bene della società. Di quale fallimentare società oggi si tratti è sotto gli occhi di tutti.

"Puri sogni, povero ingenuo".

Oh, eccoti di nuovo, mio unico lettore. Sì, me l'aveva già detto un ex parlamentare cristiano ch'io non mostravo d'essere nella realtà politica. Sottintendeva certamente: "Povero sciocco"[18]. Ebbene, sono ingenuo: credo che, come Gesú ha comandato, il cristiano debba sforzarsi d'essere l'evangelico granello di senapa in qualunque ambiente operi, *compreso* quello politico, anzi, prima di tutto in quello; ed è cosa urgentissima: quanto grave è la disperazione di fondo della nostra società è del tutto evidente; altro che trionfo dell'oltreuomo nietzschiano mite e tollerante!

In Occidente gli Stati totalitari hanno avuto, grazie al cielo, vita relativamente breve e, purtroppo, sviluppo ed esito tragici; ma rimane, ed è da cambiare in meglio, lo Stato demo-liberal-socialista, formalmente laico ma, in tante scelte politiche, anticristiano. Tuttavia anche il Cristianesimo resta: quello originale, che considera gli esseri umani tutti eguali perché figli del Creatore e, dopo duemila anni, continua imperterrito a voler anticipare nella società almeno qualcosa della Città di Dio; però non si tratta di quel Cristianesimo che molti intendono, non dei luoghi comuni diffusi dai mezzi di comunicazione laici. Il cristiano deve studiare a fondo il Cristianesimo. I corsi per adulti ci sono, molti libri vengono stampati. Non si può stare fermi ai catechismi studiati da bambini.

Chi si definisce cristiano deve per coerenza fare scelte cristiane; se no, getti la sua falsa etichetta: se, per esempio, uno si definisse comunista ma volesse la più assoluta libertà di mercato, che comunista sarebbe? Farebbe bene a definirsi liberista. Così, è cristiano solo chi cerca di comportarsi da cristiano.

Il credente deve impegnarsi per affermare il valore della persona umana figlia di Dio, il disvalore dei ruoli sociali. Deve fortificare la sua *volontà di coscienza evangelica*.

Nel documento della Chiesa più aperto al dialogo, la *Gaudium et Spes* dei vescovi del concilio Vaticano II, è felicemente affermato che in una società non religiosa l'essere umano è ridotto a mera particella anonima.

FINE

Nota sull'autore

Guido Pagliarino si laureò in Economia e Commercio all'Università di Torino con una tesi di ricerca storica pubblicata a cura dell'Istituto di Storia Economica e Sociale. Di particolare interesse durante i suoi studi erano state la medesima disciplina e la Storia delle Dottrine Economiche e Sociali, sotto le guide dei compianti professori Carlo Cipolla e Mario Abrate. Negli anni, nonostante interessi più ampi, è continuato l'interesse dell'autore per la storia e la filosofia, soprattutto per l'epistemologia: particolarmente importante era stato l'incontro nel 1974 con libri del filosofo della scienza Karl R. Popper. Ha pubblicato negli anni diversi saggi. Per le sue opere uscite, in volume o in rivista, fra il 1974 e il 1996, nel 1997 gli era stato assegnato il "Premio della Cultura della Presidenza del Consiglio dei Ministri". Pagliarino ha dato alle stampe anche romanzi e opere poetiche.

Tra i saggi, si ricordano qui quelli ripubblicati in e-book, in diversi formati, dopo la scadenza del contratto editoriale o pubblicati ex novo:

Formato **KINDLE mobi**

CREAZIONE ED EVOLUZIONE - Un confronto fra evoluzionismo teista, darwinismo casualista e creazionismo

LA TRASFORMAZIONE saggio sull'eterno corpo glorioso spirituale e sul nulla eterno infernale

LA VOLONTA' DI COSCIENZA - Saggio storico-sociale

IL VENTOTTESIMO LIBRO – Una storia prima del Nuovo Testamento

Formato **KOBO epub**

LA TRASFORMAZIONE saggio sull'eterno corpo glorioso spirituale e sul nulla eterno infernale

IL VENTOTTESIMO LIBRO – Una storia prima del Nuovo Testamento

GESÙ nato nel 6 "a.C.", Crocifisso nel 30 - Un approccio storico al Cristianesimo – Saggio: Scarico gratuito

Formato **PDF** e pure in **Libro cartaceo**

SINDON la misteriosa Sindone di Torino, GDS Edizioni

Formato PDF

GESÙ nato nel 6 "a.C.", Crocifisso nel 30 - Un approccio storico al Cristianesimo – Saggio: *Scarico gratuito*

NOTE

[1] Ad esempio, Piergiorgio Frassati, canonizzato da Giovanni Paolo II, era stato un cristiano laico finché non era entrato in un ordine religioso, anche se solo come terziario. Semplificando un poco: non sono laici ma religiosi le monache e i monaci, non importa questi se preti o no. Neppure è laico un sacerdote secolare, cioè che non appartiene a un ordine e vive nel secolo, nel mondo, ma che fa parte della gerarchia, cioè è al servizio, come *capo* o *vice capo*, d'una comunità; partendo dal basso e sempre semplificando: diaconi, presbiteri (ovvero preti) vice parroci: per la crisi delle vocazioni, di vice parroci non ce ne sono quasi più; anzi, vi sono casi di preti che reggono due parrocchie, coadiuvati per quanto possibile da laici; poi, sempre salendo, parroci, vescovi (di vario grado); su tutti, il primo tra i suoi pari, il vescovo di Roma o Papa che dir si voglia. Questo nel Cattolicesimo. In altre chiese cristiane le cose stanno un poco, o molto, diversamente. Gli ortodossi hanno più *Papi*, per così dire, cioè più vescovi primati, dato che molte sono le chiese orientali fondate da apostoli secondo la Tradizione mentre in Occidente c'è solo Roma; gli anglicani hanno come primo arcivescovo quello di Canterbury, ma sopra di lui e tutta la chiesa anglicana c'è il sovrano. Gli altri protestanti sono i genere tutti laici, *pastori* e *pastore* compresi, perché non accettano gerarchia, secondo loro finita con la morte dell'ultimo apostolo. I luterani hanno dei *vescovi* ma non secondo la successione apostolica.

[2] Intendo quelli che sotto le due Pasque imbrattano i muri delle chiese cristiane e delle sinagoghe per difendere la vita dell'*agnello pasquale* o scocciano con lettere ai giornali affermando con sicumera che mangiare l'agnello è una pratica contro il Cristo, nemmeno che Gesú nell'ultima cena non l'avesse mangiato; quando non arrivino, come una figura che vidi una volta in televisione, ad affermare che in un deserto lascerebbero morire di sete un cacciatore solo perché tale e perciò "assassino". Nota bene: chi scrive non è un cacciatore e non gli piace l'agnello e, in genere, la carne. Il punto è che prima viene l'umanismo e poi, semmai, l'animalismo.

(3) È sorto ed è ormai diffuso un laicismo credente per il quale centro del mondo continua a essere l'uomo, ma che accetta Dio; un Dio però che non dà regole, da cui non viene un'etica aprioristica imprescindibile. Anche per i laico-credenti, come per gli atei, la morale è soggettiva ed è sempre prodotta dagli esseri umani.

(4) Testo non pervenutoci, solo richiamato da Eusebio da Cesarea, inizio IV secolo, nella sua *Storia della Chiesa*, IV, 3, 1-2.

(5) Idem, richiamato in IV, 26, 7-10

(6) In particolare nell'*Apologia* di Melitone a Marco Aurelio e nell'anonimo scritto *A Diogneto*.

(7) Gesú ha fondato una sola Chiesa, sono stati i cristiani che, nel tempo, hanno voluto dividersi; ma la Chiesa resta una sola, l'insieme di tutti coloro che credono che Gesú è non solo uomo ma pure Dio perché, stando alla testimonianza, fino al martirio, degli apostoli, è risorto: per lui, il Cristo, i cristiani non sono divisi. Questo non significa che si debbano considerare equivalenti dal punto di vista teologico tutte le *chiese* cristiane: la tradizione apostolica, attraverso gli scritti dei Padri della Chiesa, continua appieno nella Chiesa cattolica.

(8) Veramente, resta viva in certe sacche, sia ad alti livelli culturali iniziatici, sia nelle campagne attraverso sprovvedute fattucchiere, e giunge fino a oggi, nella nostra società non più cristiana, di nuovo come fenomeno di massa.

(9) Non sono sufficienti in sé stesse, come pensava invece l'eretico Pelagio. È solo il sacrificio del Cristo che apre al genere umano la via della Salvezza. Tuttavia, dobbiamo compiere le opere buone perché ce l'ha ordinato Gesú stesso.

(10) Nella sua opera "False accuse alla Chiesa". Mi pare tuttavia che quel suo saggio, pur se ha importanza come fonte bibliografica (anche per questo mio saggio-*pamphlet*) e pur se contribuisce a far chiarezza su accuse false, manchi nel non trattare a sufficienza delle colpe storiche della Gerarchia ecclesiastica e finisca con l'apparire al lettore come un'apologia. Direi che nel corso dei secoli, purtroppo, nella

Chiesa s'è fatto contro la Chiesa stessa ben più degli anticlericali.

[11] ...e la commistione tra eresia e stregoneria diventerà sempre più intricata passando, per usare le parole dello storico Grado G. Merlo, dall'*immaginifico minaccioso* alla certissima *realtà fattuale*. Così, ad esempio, già alla fine del XII secolo lo studioso di stregoneria Alano di Lilla fa risalire il nome cataro alla parola latina *cattus* in quanto i catari avrebbero adorato il diavolo sotto forma di gatto; nel 1233 la *Vox in Rama* di Gregorio IX descrive un gruppo etnico dell'Oldenburg non soggetto alla Chiesa, gli Stedinger, con tutte le caratteristica di una pericolosa e terrificante setta di streghe e stregoni. Nel XII secolo sono ormai lontani i tempi in cui, come già riteneva Agostino e com'era stato poi ufficializzato nel *Canon Episcopi*, coloro che dichiaravano d'incontrarsi col diavolo erano da considerarsi semplici succubi di soggettive visioni; e si prescrivevano, a loro salute, preghiere e digiuni, questi ultimi, è stato supposto, anche al fine della salute della mente grazie a quella dello stomaco.

[12] Ai vescovi invece, affinché si dedichino interamente alla loro chiesa, fin dal V/VI secolo viene vietato il matrimonio; un prete sposato, dunque, non può più divenire vescovo.

[13] Un esempio di come la scuola razionalista non tenga conto della mentalità ebraica si può trovare nella "Vita di Gesú", del 1835, di Friedrich Strauss, amico del Feuerbach, dove l'autore afferma che i Vangeli sono miti in cui si ritrovano le aspettative del popolo ebraico, in particolare l'attesa del Messia; trascurando che l'Unto atteso dai Giudei non è anche Dio ma solo un uomo, un re politico di un millenario regno terreno di pace.

[14] *Uebermensch*. Il filosofo Gianni Vattimo aveva suggerito questa diversa traduzione, dato che la parola non indica un essere umano più potente, bensì al di là d'ogni precedente esperienza dell'umanità. All'opera del Nietzsche, che ha contribuito a divulgare, il Vattimo ha collegato il proprio concetto di *pensiero debole*, dopo che la filosofia nietzschiana era stata depurata dalle interpolazioni, tanto utili

al Nazismo, attuate dalla sorella del Nietzsche, poi nazista ella stessa, Elisabeth Nietzsche Föster e dal discepolo Peter Gast, che portavano a collocare il filosofo in una dimensione politica di estrema destra. Però il vero pericolo nietzschiano per la società contemporanea non viene da una dimensione politica, ma dall'idea che non ci sia bisogno di *principi estremi*, cioè di valori etici forti, assoluti, immutabili, come per eccellenza sono quelli giudeocristiani. Per il Nietzsche, come risulta da un suo appunto del 1887, tutti i valori sono solo interpretazioni, imposizioni della *volontà di potenza*. Per lui peraltro avrebbero infine vinto non i più violenti, che secondo questo filosofo sono coloro che hanno bisogno di *principi estremi*, ma i più moderati, coloro che quei principi rifiutano. Direi che anche per quest'idea, che dà un'impressione di mitezza, di tolleranza, di distacco dalle passioni, il nostro filosofo Gianni Vattimo s'è agganciato alla filosofia nietzschiana. Pure per lui i valori sono transeunti, dipendono dal tempo e dalle maggioranze. Anche il filosofo Massimo Cacciari ha contribuito, come il Vattimo, alla maggiore diffusione della filosofia nietzschiana in Italia, intendo di quella genuina, depurata dalle interpolazioni. A sua volta il Cacciari non vede implicazioni politiche in quella filosofia. Identifica la *volontà di potenza* con il vertice del moderno razionalismo scientifico e tecnico e vede l'*uebermensch* come l'essere umano in grado di interiormente sollevarsi al livello delle effettive capacità tecniche di dominio del mondo.

[15] Come proclamò il Concilio di Trento, nonostante il Battesimo resta nell'uomo la *concupiscenza*, cioè l'attrattiva per il male: altrimenti, non sarebbe più libero perché non potrebbe più scegliere, sarebbe un pupazzo.

[16] Non si tratta però, contrariamente a quanto comunemente si dice, di un accordo tra la Chiesa cattolica, cioè tra l'assemblea dei cristiani cattolici, e lo Stato fascista. Né la Santa Sede né lo Stato della Città del Vaticano sono la Chiesa: precisamente, la prima ne è solo una parte. Il Concordato, che si basa sul Trattato del Laterano dell'11 novembre 1929, è un accordo politico tra Santa Sede e Stato italiano. Lo Stato della Città del Vaticano nasce proprio con l'articolo 26 del Trattato, col quale viene restituita al Papa una

piccolissima parte dello Stato della Chiesa conquistato dal Regno d'Italia. La Santa Sede è ente spirituale, formato dal Pontefice e dai suoi funzionari, però pur essendo tale e non ente statuale, è già tradizionalmente soggetto di diritto internazionale, del quale la consuetudine è fonte. Inoltre questo le era stato riconosciuto dal Regno d'Italia con la legge delle Guarentigie pontificie del 13 maggio 1871, che le garantiva le tradizionali prerogative diplomatiche. Col Concordato il riconoscimento viene ribadito, nell'articolo 2 del Trattato. Dunque la Santa Sede può stipulare validamente l'accordo, anche se non è uno Stato, in quanto è comunque un soggetto politico di diritto internazionale; e col medesimo si aggiudica di nuovo un ente territoriale, lo Stato della Città del Vaticano, che rende i Papi liberi da interferenze straniere (provvidenziale era però stata la caduta dello Stato Pontificio: concordo col Frossard che la teocrazia è uno dei peggiori regimi!). A puro titolo informativo: il Trattato del Laterano, e quello che l'ha sostituito sotto il Governo Craxi, non impegnano in coscienza i cattolici in quanto non riguardano questioni di fede. In genere, non è vero che ogni volta che un Papa parla ci sia al riguardo un vincolo per i credenti. Ciò vale solo quand'egli dichiara espressamente che si tratta di un dogma. Due soli sono i dogmi proclamati da un Papa negli ultimi due secoli, l'Immacolata Concezione (cioè Maria concepita senza peccato originale, non Maria sempre vergine come non pochi laici interpretano con ignoranza) e l'Assunzione di Maria in Paradiso in corpo e anima. In tutti gli altri casi si tratta del pensiero di un Papa, che non tocca chi senta diversamente in buona coscienza, cioè per altruismo e non per egoismo.

[17] Per sentire quanto fosse alta la sua *tolleranza*, basta vedere come attaccò per sistema la Chiesa nella sua "Storia della Filosofia" dove, ad esempio, accusava, senza documenti, San Cirillo d'Alessandria d'essere il mandante dell'uccisione della filosofa Ipazia da parte d'un (atroce, questo sì) gruppo di fanatici cristiani; e per sapere quanto conoscesse davvero il genuino Cristianesimo, si può scorrere la sua raccolta di saggi "Perché non sono cristiano".

(18) Nel 1997 avevo scritto e auto-stampato, in una cinquantina di esemplari una primissima stesura di questo scritto, sempre sotto il titolo "La volontà di coscienza" - ma l'opera avrebbe poi avuto riletture e varianti. Ebbene, ne avevo donato copie ai soci d'un circolo letterario di cui ero membro, tra cui il parlamentare citato anonimo nel testo che, in una riunione successiva, aveva commentato, dal punto di vista politico, il volumetto. Avevo pure, ben dubitando che sarei stato letto perché sono ingenuo fino a un certo punto, spedito una copia a ciascuno dei segretari dei molti partiti cristiani, sia di Governo sia d'opposizione; senza, appunto, ricevere alcuna risposta.

BIBLIOGRAFIA ESSENZIALE

A cura di Giovanni Filoramo e Daniele Menozzi, AA. VV., Storia del Cristianesimo, 4 volumi, Giustino Laterza e Figli, 1997

AA. VV., Il Cristianesimo questo sconosciuto, 2 volumi, Didaskaleion di Torino, 1996 (per le parti storiche)

Barbiellini Amidei, Gaspare, New Age, Next Age, Piemme, 1998

Cansacchi, Giorgio, Istituzioni di Diritto Internazionale Pubblico, G. Giappichelli Editore, 1963

De Lubac, Henry, Il dramma dell'umanesimo ateo, Editrice Morcelliana, 1988

De Rosa, Peter, Vicari di Cristo, Armenia Editrice, 1989

Franzen, August, Breve storia della Chiesa, Editrice Queriniana, 1976

Frossard, André, Incontri con l'uomo, Piemme, 1994

Maritain, Jacques, L'Uomo e lo Stato, Vita e Pensiero, 1982

Negri, Luigi, False accuse alla Chiesa, Piemme, 1997

Pagliarino, Guido, Gesú, nato nel 6 'a.C.' crocifisso nel 30, un approccio storico al Cristianesimo, **Prospettiva**editrice, 2003 (in particolare: il capitolo VI ai paragrafi *Scuola cristiana tradizionalista (storico-critica) e criteri di storicità gesuanica; Scuola razionalista (o critica); Scuola mitica; Storia comparata delle religioni; Scuola dell'Università Ebraica di Gerusalemme,* che possono servire al lettore per approfondire l'argomento della critica al Cristianesimo nei secoli XVIII – XX)

Pagliarino, Guido, Cristianesimo e Gnosticismo: 2000 anni di sfida, **Prospettiva**editrice, 2003 (in particolare il capitolo IV, paragrafo *Apologisti del Cristianesimo* e il capitolo VIII, *Sullo Gnosticismo contemporaneo (neognosticismo),* paragrafo *Gnosticismo e volgargnosticismo New Age-Next Age* relativamente a tale fenomeno)

Poupard, Paul, La nuova immagine del mondo, Piemme, 1996

Spencer, Herbert, L'individuo e lo Stato, S. Lapi editore, in Città di Castello, 1901

2ª edizione maggio 2015

© Guido Pagliarino

www.pagliarino.com

ISBN 978-1-326-27288-3

Il libro è stampato e distribuito da

Lulu Enterprises, Inc.

U.S.A.